Impressum
Verlag: BABADADA GmbH, Nedderfeld 112 , 22529 Hamburg
Geschäftsführer / Verlagsleitung: Harald Hof
Druck: Books on Demand GmbH, In de Tarpen 42, 22848 Norderstedt

Imprint
Publisher: BABADADA GmbH, Nedderfeld 112 , 22529 Hamburg, Germany
Managing Director / Publishing direction: Harald Hof
Print: Books on Demand GmbH, In de Tarpen 42, 22848 Norderstedt

σχολείο

школа

σχολική τάξη
классная комната
διαιρώ
делить
186/2
πίνακας
доска
σχολική αυλή
школьный двор
δάσκαλος
учитель
χαρτί
бумага
γράφω
писать
στυλό
ручка
γραφείο
письменный стол
χάρακας
линейка
βιβλίο
книга
μαθητής
ученик

σχολική τσάντα

ранец

κασετίνα/ μολυβοθήκη

пенал

μολύβι

карандаш

ξύστρα

точилка

γόμα

ластик

μπλοκ ζωγραφικής

альбом для рисования

ζωγραφική

рисунок

πινέλο

кисточка

κουτί χρωμάτων

коробка красок

ψαλίδι

ножницы

κόλλα

клей

τετράδιο ασκήσεων

тетрадь

εργασία για το σπίτι

домашняя работа

αριθμός

цифра

προσθέτω

прибавлять

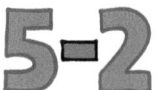

αφαιρώ

вычитать

πολλαπλασιάζω

умножать

υπολογίζω

считать

γράμμα

буква

αλφάβητο

алфавит

λέξη

слово

κείμενο

текст

διαβάζω

читать

κιμωλία

мел

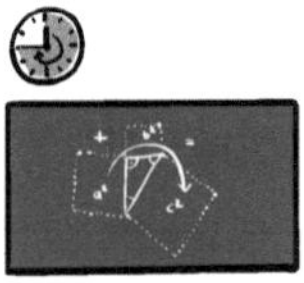

μάθημα

урок

εγγράφομαι

классный журнал

τεστ

экзамен

πιστοποιητικό

диплом

μαθητική στολή

школьная форма

εκπαίδευση

образование

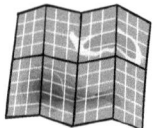

εγκυκλοπαίδεια

энциклопедия

πανεπιστήμιο

университет

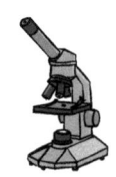

μικροσκόπιο

микроскоп

χάρτης

карта

καλάθι αχρήστων

корзина для бумаг

ταξίδι

путешествие

ξενοδοχείο
гостиница
ξενώνας
турбаза
ανταλλακτήρια συναλλάγματος
пункт обмена валюты
βαλίτσα
чемодан
αυτοκίνητο
автомобиль

γλώσσα

язык

ναι / όχι

да / нет

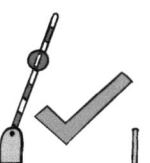

εντάξει

хорошо

γεια σου

Привет

μεταφραστής

переводчик

Ευχαριστώ

Спасибо

πόσο κάνει ;

Сколько стоит…?

Δε καταλαβαίνω

Я не понимаю

πρόβλημα

проблема

Καλησπέρα!

Добрый вечер!

Καλημέρα!

Доброе утро!

Καληνύχτα!

Доброй ночи!

Αντίο

До свидания

κατεύθυνση

направление

αποσκευές

багаж

τσάντα

сумка

σακίδιο πλάτης

рюкзак

καλεσμένος

гость

δωμάτιο

комната

υπνόσακος

спальный мешок

σκηνή

палатка

τουριστικές πληροφορίες

туристическая информация

παραλία

пляж

πιστωτική κάρτα

кредитная карточка

πρωινό

завтрак

μεσημεριανό

обед

δείπνο

ужин

εισιτήριο

билет

ανελκυστήρας

лифт

γραμματόσημο

почтовая марка

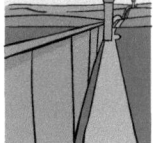

σύνορα

граница

τελωνείο

таможня

πρεσβεία

посольство

βίζα

виза

διαβατήριο

паспорт

μεταφορά

транспорт

αεροπλάνο
самолёт
πλοίο
корабль
πυροσβεστικό όχημα
пожарный автомобиль
λεωφορείο
автобус
φορτηγό
грузовик
χανοκίνητο σκάφος
торная лодка
ποδήλατο
велосипед
αυτοκίνητο
автомобиль

φεριμπότ

паром

βάρκα

лодка

μοτοσικλέτα

мотоцикл

περιπολικό

полицейский автомобиль

αγωνιστικό αυτοκίνητο

гоночный автомобиль

ενοικιαζόμενο αυτοκίνητο

арендованный автомобиль

διαμοιρασμός αυτοκινήτων

совместное пользование
автомобилями

γερανός

буксировочный
автомобиль

απορριμματοφόρο

мусоровоз

κινητήρας

двигатель

καύσιμο

топливо

βενζινάδικο

заправка

πινακίδα σήμανσης

дорожный знак

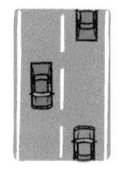
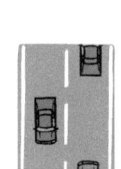

κυκλοφορία

движение

κυκλοφοριακή συμφόρηση

пробка

χώρος στάθμευσης

автостоянка

σιδηροδρομικός σταθμός

вокзал

σιδηροδρομικές γραμμές

рельсы

τρένο

поезд

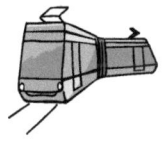

τραμ

трамвай

βαγόνι

вагон

ελικόπτερο

вертолёт

αεροδρόμιο

аэропорт

πύργος

вышка

επιβάτης

пассажир

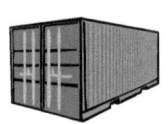

εμπορευματοκιβώτιο

контейнер

χαρτοκιβώτιο

коробка

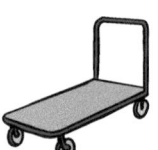

καρότσι

тележка

καλάθι

корзина

απογειώνομαι / προσγειόνομαι

взлетать / приземляться

πόλη

город

χωριό

деревня

κέντρο της πόλης

центр города

σπίτι

дом

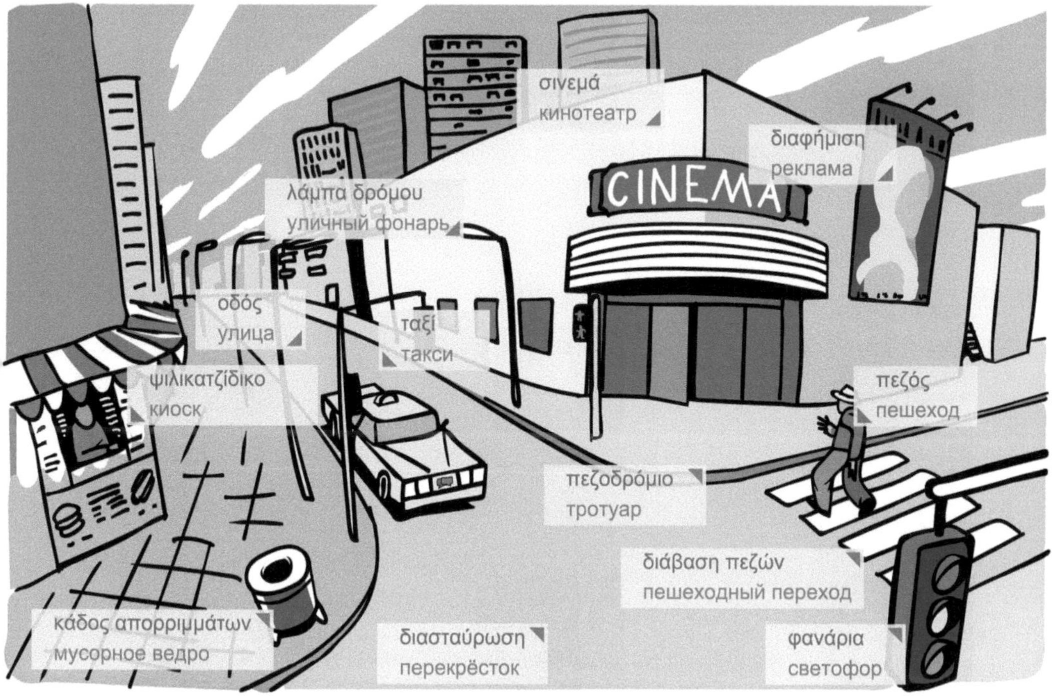

σινεμά
кинотеатр
διαφήμιση
реклама
CINEMA
λάμπα δρόμου
уличный фонарь
οδός
улица
ταξί
такси
ψιλικατζίδικο
киоск
πεζός
пешеход
πεζοδρόμιο
тротуар
διάβαση πεζών
пешеходный переход
κάδος απορριμμάτων
мусорное ведро
διασταύρωση
перекрёсток
φανάρια
светофор

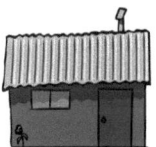

καλύβα

хижина

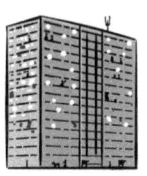

διαμέρισμα

квартира

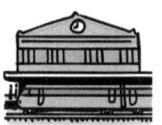

σιδηροδρομικός σταθμός

вокзал

δημαρχείο

ратуша

MUSEUM

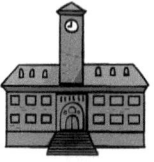

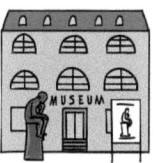

μουσείο

музей

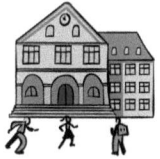

σχολείο

школа

πανεπιστήμιο

университет

τράπεζα

банк

νοσοκομείο

больница

ξενοδοχείο

гостиница

φαρμακείο

аптека

γραφείο

офис

βιβλιοπωλείο

книжный магазин

κατάστημα

магазин

ανθοπωλείο

цветочный магазин

σούπερ μάρκετ

супермаркет

αγορά

рынок

πολυκατάστημα

универмаг

ιχθυοπωλείο

торговец рыбой

εμπορικό κέντρο

торговый центр

λιμάνι

порт

πάρκο

парк

παγκάκι

скамейка

γέφυρα

мост

σκάλες

лестница

μετρό

метро

τούνελ

тоннель

στάση λεωφορείου

автобусная остановка

μπαρ

бар

εστιατόριο

ресторан

γραμματοκιβώτιο

почтовый ящик

πινακίδα δρόμου

табличка с названием
улицы

παρκόμετρο

паркометр

ζωολογικός κήπος

зоопарк

πισίνα

бассейн

τζαμί

мечеть

αγρόκτημα

ферма

ρύπανση

загрязнение окружающей среды

νεκροταφείο

кладбище

εκκλησία

церковь

παιδική χαρά

детская площадка

ναός

храм

τοπίο

ландшафт

φύλλο
лист

πινακίδα κατεύθυνσης
дорожный указатель

δρόμος
дорога

λιβάδι
луг

πέτρα
камень

δέντρο
дерево

πεζοπόρος
путешественник

ποτάμι
река

χορτάρι
трава

λουλούδι
цветок

κοιλάδα

долина

λόφος

гора

λίμνη

озеро

δάσος

лес

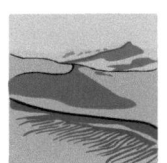

έρημος

пустыня

ηφαίστειο

вулкан

κάστρο

замок

ουράνιο τόξο

радуга

μανιτάρι

гриб

φοίνικας

пальма

κουνούπι

комар

μύγα

муха

μυρμήγκι

муравей

μέλισσα

пчела

αράχνη

паук

σκαθάρι

жук

βάτραχος

лягушка

σκίουρος

белка

σκαντζόχοιρος

еж

λαγός

заяц

κουκουβάγια

сова

πουλί

птица

κύκνος

лебедь

αγριογούρουνο

кабан

ελάφι

олень

άλκη

лось

φράγμα

плотина

ανεμογεννήτρια

ветряной генератор

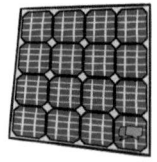

ηλιακός συλλέκτης

солнечная батарея

κλίμα

климат

εστιατόριο
ресторан

σερβιτόρος
официант
κατάλογος
меню
καρέκλα
стул
σούπα
суп
πίτσα
пицца
τραπεζομάντιλο
скатерть
μαχαιροπίρουνα
столовые приборы

ορεκτικό

закуска

κύριο πιάτο

главное блюдо

επιδόρπιο

десерт

ποτά

напитки

φαγητό

еда

μπουκάλι

бутылка

φαστ φουντ

фастфуд

φαγητό στ' όρθιο

уличная еда

τσαγιέρα

чайник

δοχείο ζάχαρης

сахарница

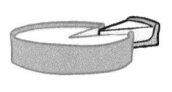

μερίδα

порция

μηχανή εσπρέσο

кофеварка

ψηλή καρέκλα

детский стульчик

λογαριασμός

счет

δίσκος

поднос

μαχαίρι

нож

πιρούνι

вилка

κουτάλι

ложка

κουταλάκι του τσαγιού

чайная ложка

πετσέτα φαγητού

салфетка

ποτήρι

стакан

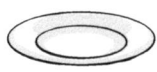

πιάτο

тарелка

πιάτο σούπας

суповая тарелка

πιατάκι φλιτζανιού

блюдце

σάλτσα

соус

αλατιέρα

солонка

μύλος για πιπέρι

мельница для перца

ξύδι

уксус

λάδι

масло

μπαχαρικά

специи

κέτσαπ

кетчуп

μουστάρδα

горчица

μαγιονέζα

майонез

σούπερ μάρκετ

супермаркет

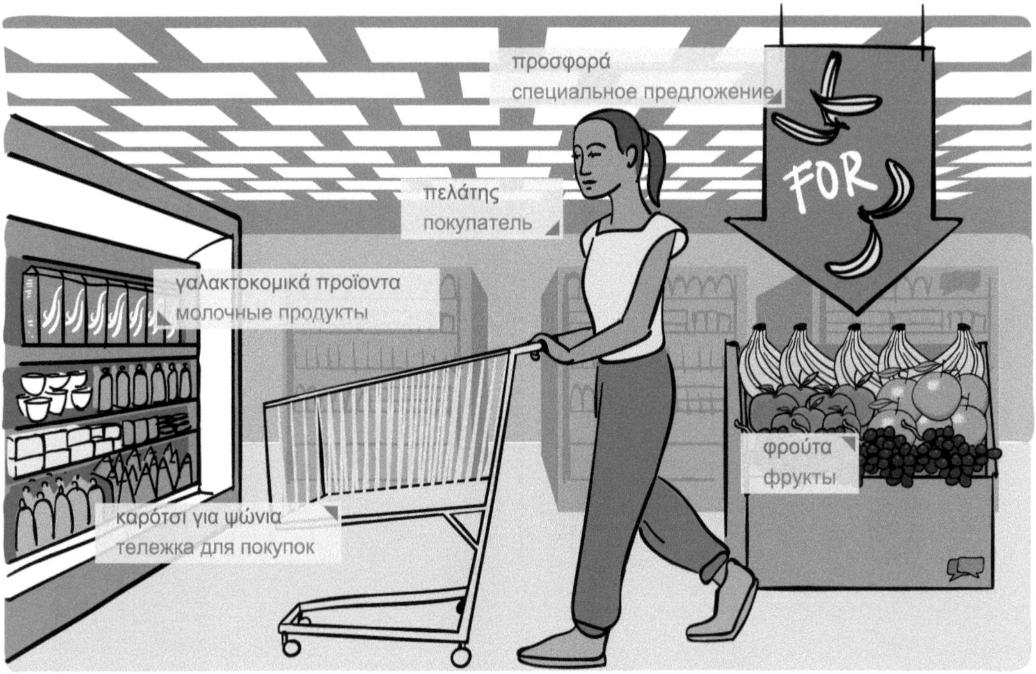

προσφορά
специальное предложение
FOR
πελάτης
покупатель
γαλακτοκομικά προϊόντα
молочные продукты
φρούτα
фрукты
καρότσι για ψώνια
тележка для покупок

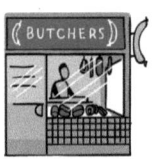

BUTCHERS

κρεοπωλείο

мясной магазин

BAKERY

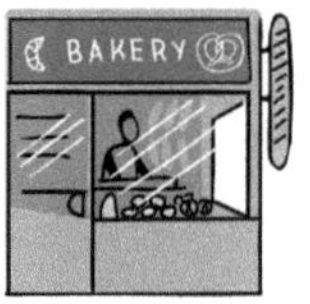

φούρνος

пекарня

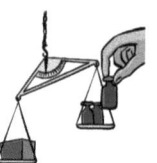

ζυγίζω

взвешивать

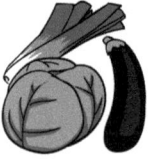

λαχανικά

овощи

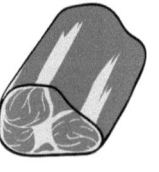

κρέας

мясо

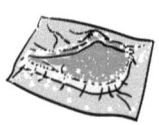

κατεψυγμένα τρόφιμα

быстрозамороженные продукты

αλλαντικά

нарезка

κονσερβοποιημένη τροφή

консервы

απορρυπαντικό ρούχων

стиральный порошок

γλυκά

сладости

οικιακά είδη

предмет домашнего
обихода

καθαριστικά προϊόντα

моющее средство

πωλήτρια

продавщица

ταμείο

касса

ταμίας

кассир

λίστα για ψώνια

список покупок

ωράριο λειτουργίας

время работы

πορτοφόλι

бумажник

πιστωτική κάρτα

кредитная карточка

τσάντα

сумка

πλαστική σακούλα

полиэтиленовый пакет

σούπερ μάρκετ - супермаркет

ποτά

напитки

νερό

вода

χυμός

сок

γάλα

молоко

κόκα κόλα

кока-кола

κρασί

вино

μπίρα

пиво

αλκοόλ

алкоголь

κακάο

какао

τσάι

чай

καφές

кофе

εσπρέσο

эспрессо

καπουτσίνο

капучино

μπανάνα

банан

μήλο

яблоко

πορτοκάλι

апельсин

πεπόνι

арбуз

λεμόνι

лимон

καρότο

морковь

σκόρδο

чеснок

μπαμπού

бамбук

κρεμμύδι

лук

μανιτάρι

гриб

ξηροί καρποί

орехи

νουντλς

лапша

μακαρόνια

спагетти

ρύζι

рис

σαλάτα

салат

πατατάκια

картофель фри

τηγανητές πατάτες

жареный картофель

πίτσα

пицца

χάμπουργκερ

гамбургер

σάντουιτς

сэндвич

κοτολέτα

шницель

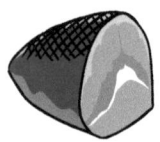

ζαμπόν

ветчина

σαλάμι

салями

λουκάνικο

колбаса

κοτόπουλο

курица

ψητό

жаркое

ψάρι

рыба

χυλός βρώμης

овсяные хлопья

μούσλι

мюсли

κορν φλέικς

кукурузные хлопья

αλεύρι

мука

κρουασάν

круассан

ψωμάκι

булочка

ψωμί

хлеб

τοστ

тост

μπισκότα

печенье

βούτυρο

масло

τυρόπηγμα

творог

κέικ

пирог

αυγό

яйцо

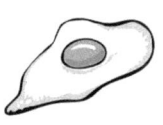

τηγανητό αυγό

яичница

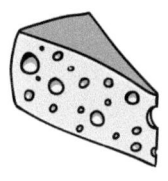

τυρί

сыр

παγωτό

мороженое

ζάχαρη

сахар

μέλι

мёд

μαρμελάδα

мармелад

άλλειμμα σοκολάτας

крем с нугой

κάρυ

карри

αγρόκτημα
ферма

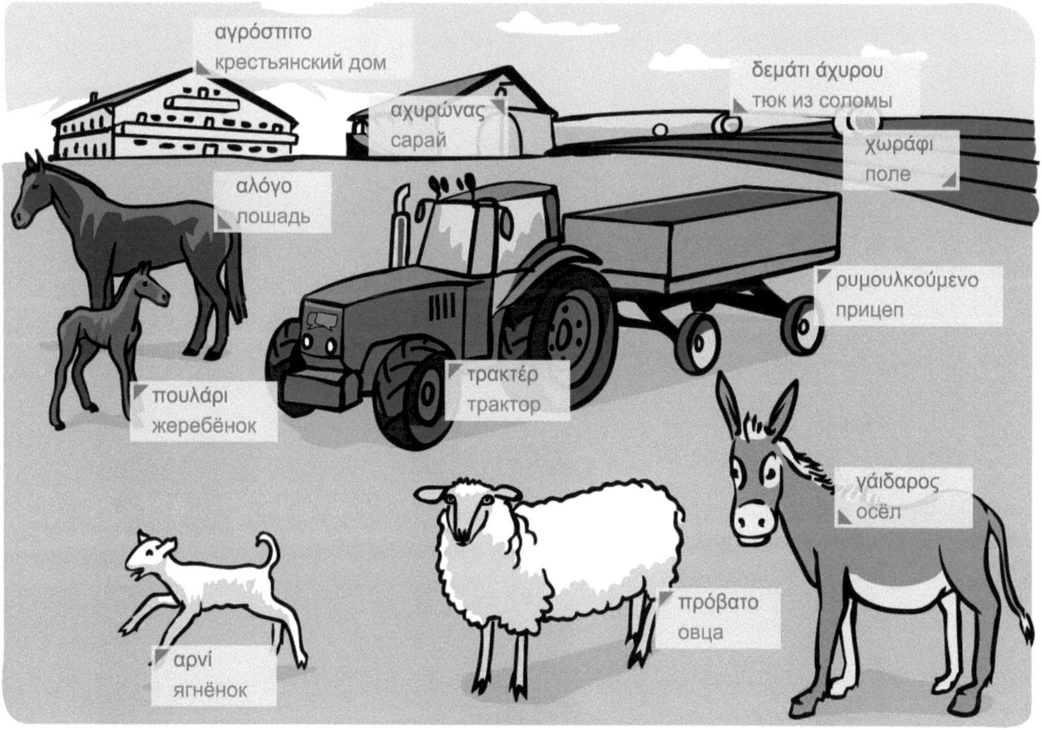
αγρόσπιτο
крестьянский дом
δεμάτι άχυρου
тюк из соломы
αχυρώνας
сарай
χωράφι
поле
αλόγο
лошадь
ρυμουλκούμενο
прицеп
τρακτέρ
трактор
πουλάρι
жеребёнок
γάιδαρος
осёл
πρόβατο
овца
αρνί
ягнёнок

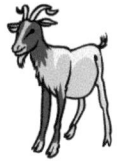

κατσίκα
коза

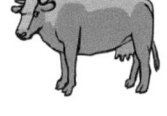

αγελάδα
корова

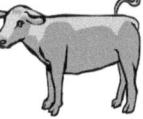

μοσχαράκι
телёнок

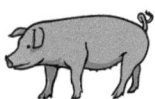

γουρούνι
свинья

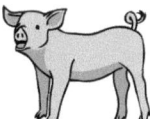

γουρουνάκι
поросёнок

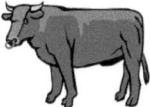

ταύρος
бык

χήνα

гусь

πάπια

утка

κοτοπουλάκι

цыплёнок

κότα

курица

κόκορας

петух

αρουραίος

крыса

γάτα

кошка

ποντίκι

мышь

βόδι

вол

σκύλος

собака

σπιτάκι σκύλου

конура

λάστιχο κήπου

садовый шланг

ποτιστήρι

лейка

θεριστήρι

коса

αλέτρι

плуг

αγρόκτημα - ферма

δρεπάνι

серп

τσάπα

мотыга

δίκρανο

навозные вилы

τσεκούρι

топор

χειράμαξα

тачка

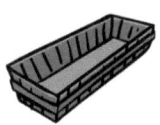

ταΐστρα

корыто

δοχείο γάλακτος

бидон для молока

σάκος

мешок

φράχτης

забор

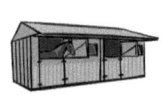

στάβλος

хлев

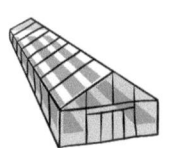

θερμοκήπιο

теплица

έδαφος

почва

σπόρος

посев

λίπασμα

удобрение

θεριζοαλωνιστική μηχανή

комбайн

θερίζω

собирать урожай

συγκομιδή

урожай

γιαμς

ямс

σιτάρι

пшеница

σόγια

соя

πατάτα

картофель

καλαμπόκι

кукуруза

κράμβη

рапс

οπωροφόρο δέντρο

фруктовое дерево

μανιόκα

маниок

δημητριακά

злаки

αγρόκτημα - ферма

σπίτι

дом

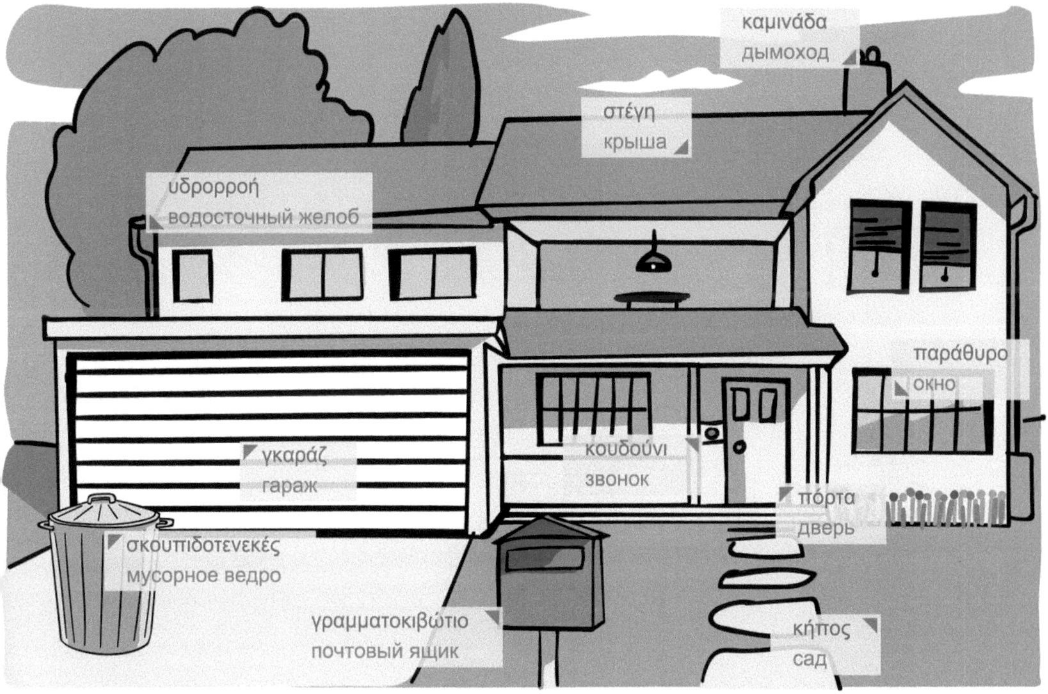
καμινάδα
дымоход
στέγη
крыша
υδρορροή
водосточный желоб
παράθυρο
окно
γκαράζ
гараж
κουδούνι
звонок
πόρτα
дверь
σκουπιδοτενεκές
мусорное ведро
γραμματοκιβώτιο
почтовый ящик
κήπος
сад

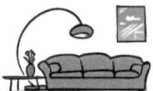

σαλόνι

гостиная

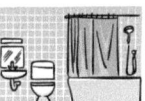

μπάνιο

ванная комната

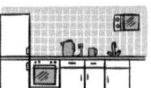

κουζίνα

кухня

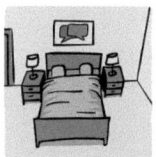

υπνοδωμάτιο

спальня

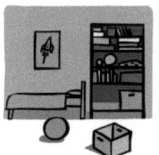

παιδικό δωμάτιο

детская комната

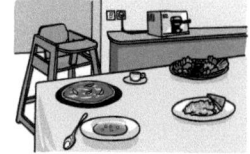

τραπεζαρία

столовая

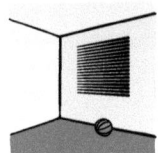

πάτωμα

пол

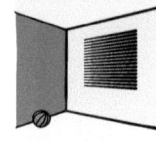

τοίχος

стена

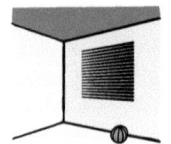

οροφή

потолок

κελάρι

подвал

σάουνα

сауна

μπαλκόνι

балкон

βεράντα

терраса

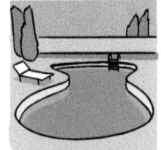

πισίνα

бассейн

μηχανή του γκαζόν

газонокосилка

σεντόνι

пододеяльник

κάλυμμα κρεβατιού

покрывало

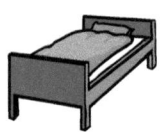

κρεβάτι

кровать

σκούπα

метла

κουβάς

ведро

διακόπτης

выключатель

σπίτι - дом

σαλόνι

гостиная

ταπετσαρία
обои
φωτογραφία
рисунок
λάμπα
лампа
ράφι
полка
ντουλάπι
шкаф
τηλεόραση
телевизор
τζάκι
камин
λουλούδι
цветок
μαξιλάρι
подушка
καναπές
диван
βάζο
ваза
τηλεκοντρόλ
пульт дистанционного управления

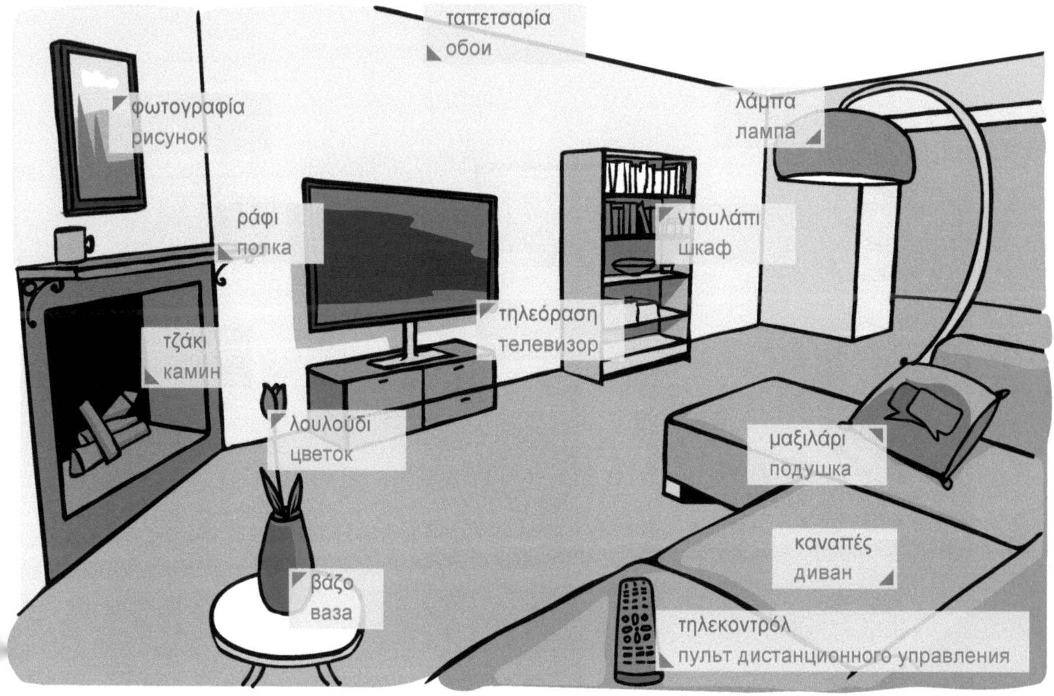

χαλί

ковёр

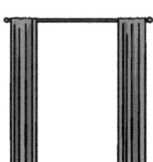

κουρτίνα

штора

τραπέζι

стол

καρέκλα

стул

κουνιστή πολυθρόνα

кресло-качалка

πολυθρόνα

кресло

βιβλίο

книга

κουβέρτα

покрывало

διακόσμηση

украшение

καυσόξυλα

дрова

ταινία

фильм

στερεοφωνικό σύστημα

стереосистема

κλειδί

ключ

εφημερίδα

газета

πίνακας ζωγραφικής

картина

αφίσα

плакат

ραδιόφωνο

радио

σημειωματάριο

блокнот

ηλεκτρική σκούπα

пылесос

κάκτος

кактус

κερί

свеча

κουζίνα

кухня

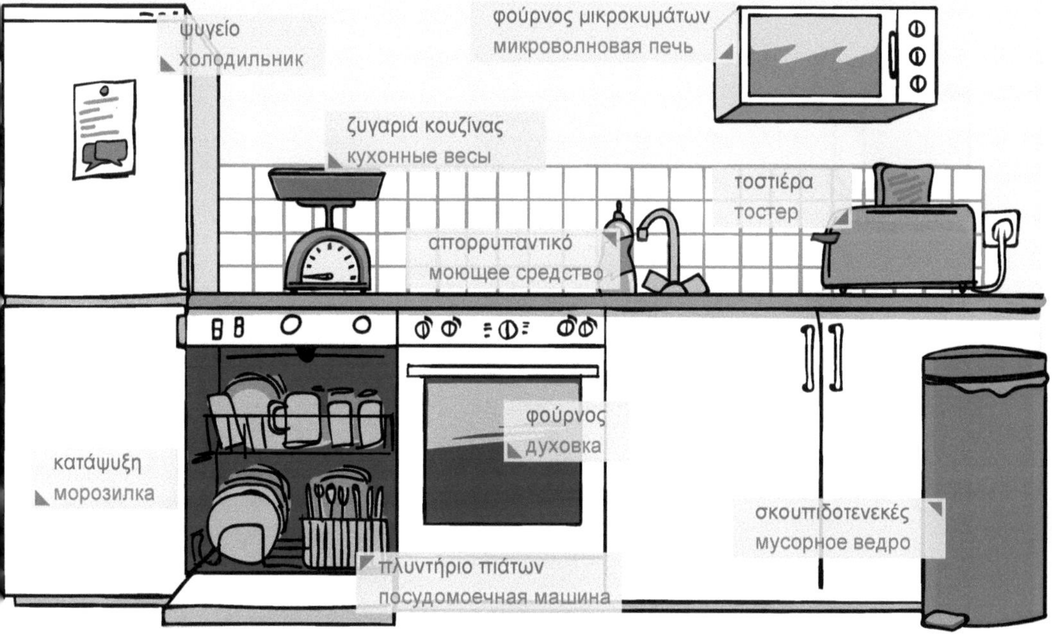

ψυγείο
холодильник
φούρνος μικροκυμάτων
микроволновая печь
ζυγαριά κουζίνας
кухонные весы
τοστιέρα
тостер
απορρυπαντικό
моющее средство
φούρνος
духовка
κατάψυξη
морозилка
σκουπιδοτενεκές
мусорное ведро
πλυντήριο πιάτων
посудомоечная машина

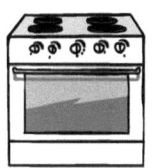

κουζίνα

плита

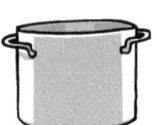

κατσαρόλα

кастрюля

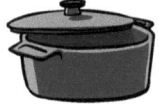

μαντεμένια κατσαρόλα

чугунный котелок

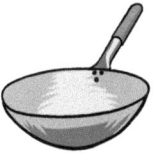

γουόκ/καντάι

вок / кадай

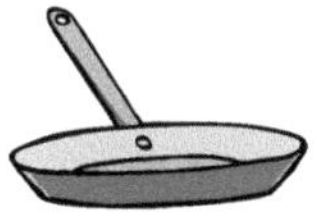

τηγάνι

сковорода

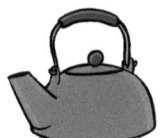

βραστήρας

чайник

ατμομάγειρας

пароварка

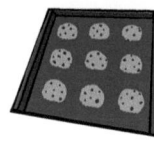

ταψί

противень

πιατικά

посуда

κούπα

кружка

μπολ

миска

ξυλάκια

палочки для еды

κουτάλα

половник

σπάτουλα

лопатка

ανακατεύω

сбивалка

σουρωτήρι

сито

σουρωτηράκι

сито

τρίφτης

тёрка

γουδί

ступка

ψησταριά

гриль

ανοιχτή φωτιά

костёр

σανίδα κοπής

доска

πλάστης

скалка

ανοιχτήρι φελλών

штопор

κονσέρβα

жестяная банка

ανοιχτήρι κονσέρβας

консервный нож

γάντι φούρνου

прихватка

νεροχύτης

раковина

βούρτσα

щетка

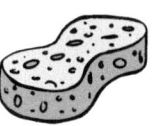

σφουγγάρι

губка

μπλέντερ

миксер

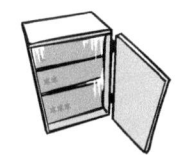

καταψύκτης

морозильная камера

μπιμπερό

бутылочка для кормления

βρύση

кран

μπάνιο
ванная комната

θέρμανση
отопление
πετσέτα
полотенце
ντους
душ
κουρτίνα ντουζ
душевая занавеска
αφρόλουτρο
пенистая ванна
μπανιέρα
ванна
ποτήρι
стакан
πλυντήριο ρούχων
стиральная машина
βρύση
кран
πλακάκια
плитка
γιογιό
горшок
νεροχύτης
раковина

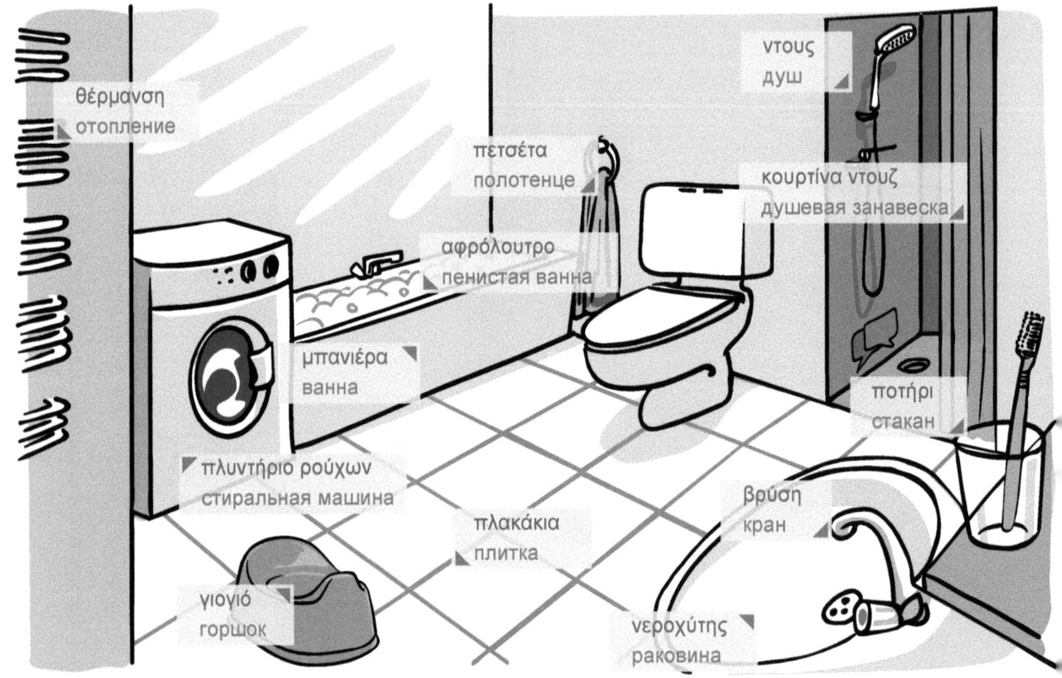

τουαλέτα

туалет

τούρκικη τουαλέτα

напольный унитаз

μπιντές

биде

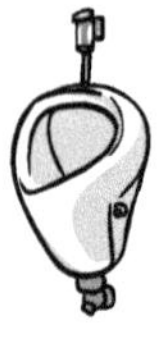

ουρητήριο

писсуар

χαρτί υγείας

туалетная бумага

πιγκάλ

ершик

οδοντόβουρτσα

зубная щетка

οδοντόκρεμα

зубная паста

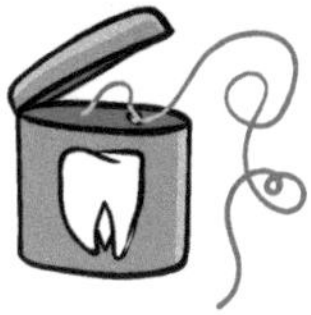

οδοντικό νήμα

зубная нить

πλένω

мыть

τηλέφωνο ντους

ручной душ

ντουσιέρα

интимный душ

λεκάνη

таз

βούρτσα πλάτης

щетка для спины

σαπούνι

мыло

αφρόλουτρο

гель для душа

σαμπουάν

шампунь

φανέλα

мочалка

σιφόνι

сток

κρέμα

крем

αποσμητικό

дезодорант

καθρέφτης

зеркало

καθρέφτης χειρός

ручное зеркало

ξυραφάκι

бритва

αφρός ξυρίσματος

пена для бритья

αφτερσέιβ

лосьон после бритья

χτένα

расческа

βούρτσα

щетка

σεσουάρ

фен

λακ

лак для волос

μακιγιάζ

косметика

κραγιόν

губная помада

βερνίκι νυχιών

лак для ногтей

βαμβάκι

вата

ψαλίδι νυχιών

маникюрные ножницы

άρωμα

духи

νεσεσέρ

косметичка

σκαμπό

табуретка

ζυγαριά

весы

μπουρνούζι

халат

ελαστικά γάντια

резиновые перчатки

ταμπόν

тампон

πετσέτα υγιεινής

гигиеническая прокладка

χημική τουαλέτα

биотуалет

παιδικό δωμάτιο
детская комната

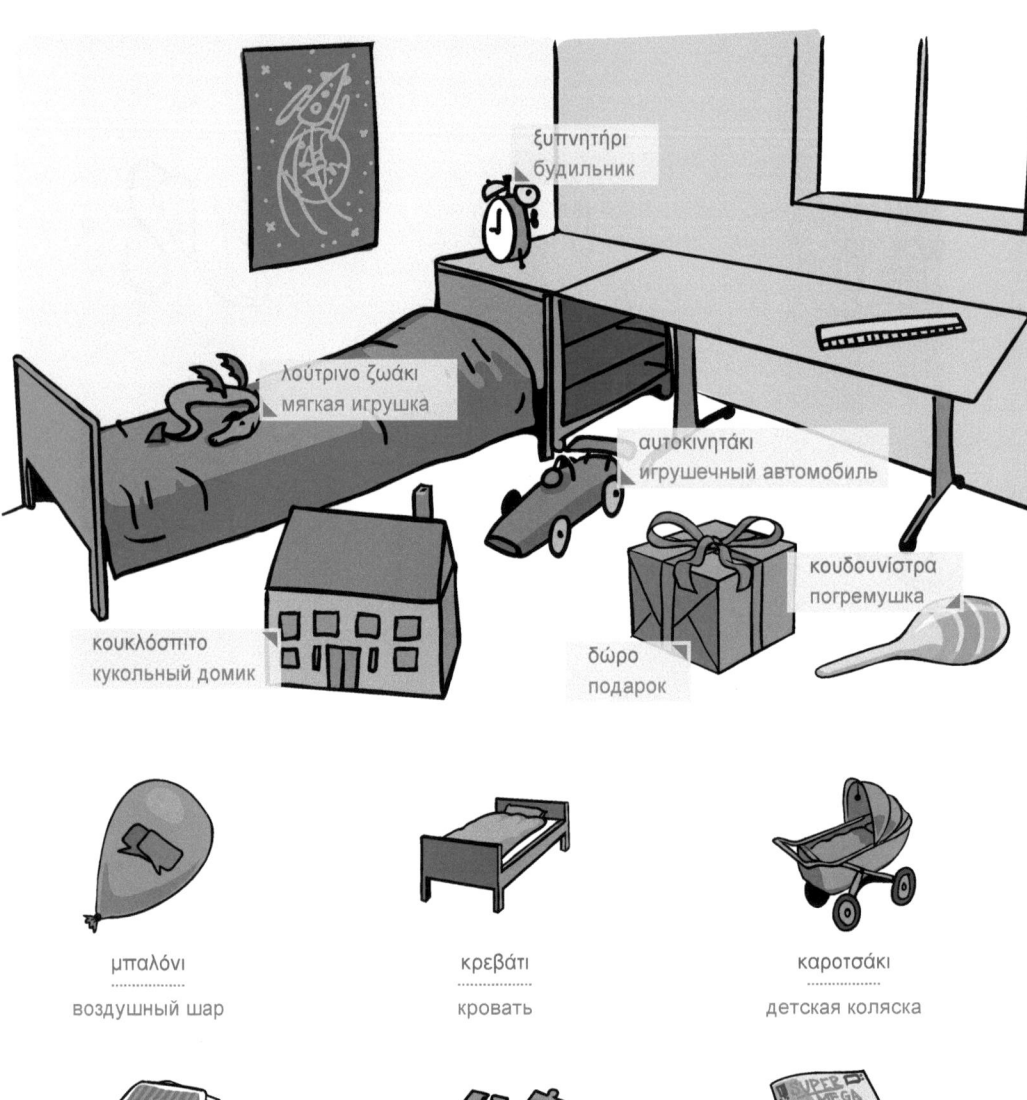

ξυπνητήρι
будильник

λούτρινο ζωάκι
мягкая игрушка

αυτοκινητάκι
игрушечный автомобиль

κουδουνίστρα
погремушка

κουκλόσπιτο
кукольный домик

δώρο
подарок

μπαλόνι
воздушный шар

κρεβάτι
кровать

καροτσάκι
детская коляска

τράπουλα
карточная игра

παζλ
пазл

κόμικς
комикс

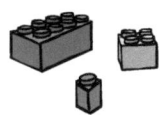

τουβλάκια lego

кирпичики Лего

τουβλάκια κατασκευών

кубики

φιγούρα δράσης

игрушечная фигурка

βρεφικό φορμάκι

ползунки

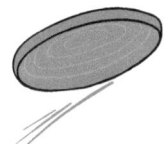

φρίσμπι

фрисби

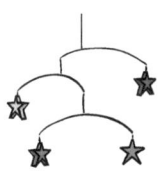

μόμπιλο

мобиле

επιτραπέζιο παιχνίδι

настольная игра

ζάρια

кубик

σετ τρενάκι

модель железной дороги

πιπίλα

соска

πάρτι

вечеринка

εικονογραφημένο βιβλίο

книга с картинками

μπάλα

мяч

κούκλα

кукла

παίζω

играть

σκάμμα με άμμο

песочница

κούνια

качели

παιχνίδια

игрушка

κονσόλα βιντεοπαιχνιδιών

игровая приставка

τρίκυκλο

трёхколесный велосипед

αρκουδάκι

плюшевый медвежонок

ντουλάπα

шкаф для одежды

ρούχα

одежда

κάλτσες

носки

καλτσοδέτες

чулки

καλσόν

колготки

κασκόλ
шарф

ομπρέλα
зонтик

ζώνη
ремень

μπλουζάκι
футболка

μπότες
сапоги

παντόφλες
тапки

αθλητικά παπούτσια
кроссовки

σανδάλια
сандалии

παπούτσια
ботинки

γαλότσες
резиновые сапоги

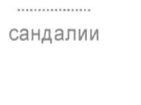

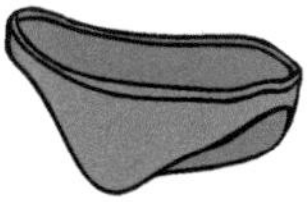

εσώρουχο
трусы

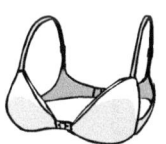

σουτιέν
бюстгальтер

φανέλα
майка

σώμα

боди

παντελόνι

брюки

τζιν παντελόνι

джинсы

φούστα

юбка

μπλούζα

блузка

πουκάμισο

рубашка

πουλόβερ

свитер

πουλόβερ

свитер

σακάκι

спортивная куртка

μπουφάν

жакет

παλτό

пальто

αδιάβροχο πανωφόρι

плащ

κοστούμι

костюм

φόρεμα

платье

νυφικό

свадебное платье

κοστούμι

мужской костюм

νυχτικό

ночная сорочка

πιτζάμες

пижама

σάρι

сари

μαντήλι

платок

τουρμπάνι

тюрбан

μπούρκα

паранджа

καφτάνι

кафтан

μουσουλμανικό ένδυμα

абайя

ολόσωμο μαγιό

купальник

ανδρικό μαγιό

плавки

σορτς

шорты

αθλητική φόρμα

спортивный костюм

ποδιά

фартук

γάντια

перчатки

κουμπί

пуговица

γυαλιά

очки

βραχιόλι

браслет

περιδέραιο

цепочка

δαχτυλίδι

кольцо

σκουλαρίκι

серьга

καπέλο

шапка

κρεμάστρα

вешалка

καπέλο

шляпа

γραβάτα

галстук

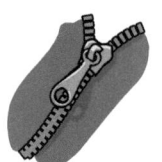

φερμουάρ

застежка молния

κράνος

шлем

τιράντες

подтяжки

μαθητική στολή

школьная форма

στολή

форма

σαλιάρα

детский нагрудник

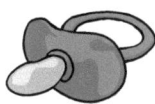

πιπίλα

соска

πάνα

подгузник

γραφείο

офис

σέρβερ
сервер
αρχειοθήκη
канцелярский шкаф
εκτυπωτής
принтер
χαρτί
бумага
οθόνη
монитор
ποντίκι
мышь
письменный стол
ντοσιέ
папка
πληκτρολόγιο
клавиатура
καλάθι αχρήστων
корзина для бумаг
υπολογιστής
компьютер
καρέκλα
стул

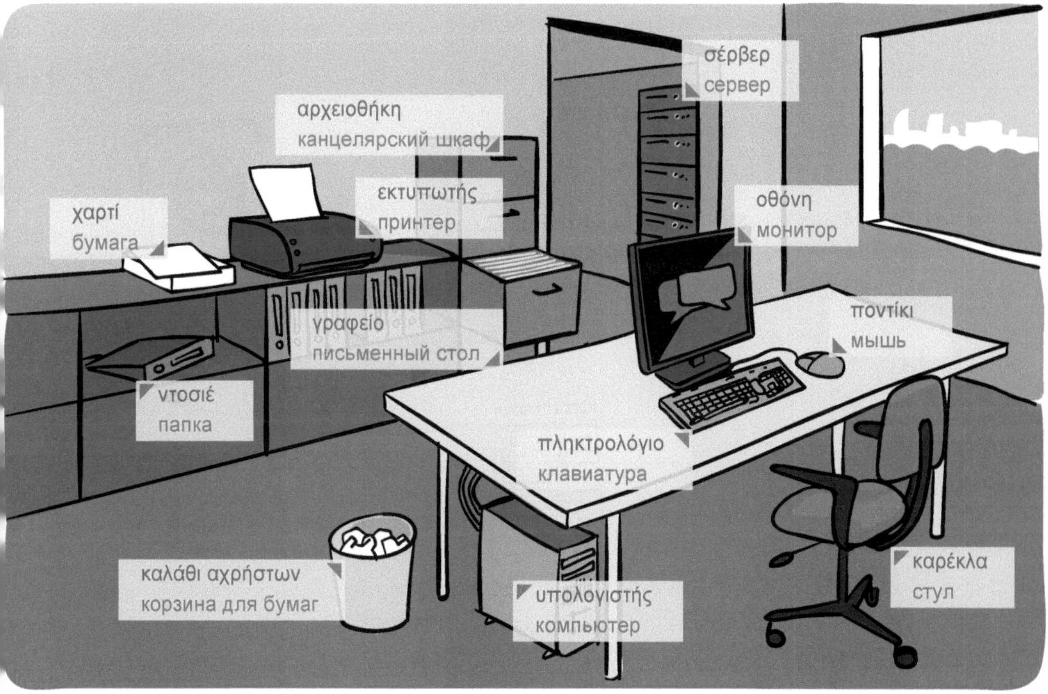

κούπα του καφέ

кофейная кружка

κομπιουτεράκι

калькулятор

ίντερνετ

интернет

λάπτοπ

ноутбук

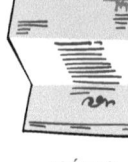

γράμμα

письмо

μήνυμα

сообщение

κινητό

мобильный телефон

δίκτυο

сеть

φωτοτυπικό μηχάνημα

ксерокс

λογισμικό

программа

τηλέφωνο

телефон

πρίζα

розетка

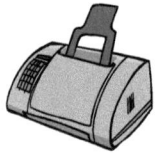

συσκευή φαξ

факс

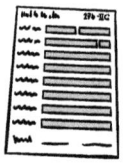

έντυπο

формуляр

έγγραφο

документ

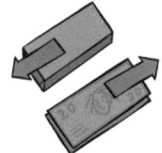

αγοράζω

покупать

πληρώνω

платить

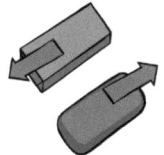

συναλλάσσομαι

торговать

χρήματα

деньги

δολάριο

доллар

ευρώ

евро

γιεν

иена

ρούβλι

рубль

ελβετικό φράγκο

франк

ρενμίνμπι γιουάν

жэньминьби юань

ρουπία

рупия

ATM (αυτόματη ταμειακή μηχανή)

банкомат

ανταλλακτήρια
συναλλάγματος

пункт обмена валюты

χρυσός

золото

ασήμι

серебро

πετρέλαιο

нефть

ενέργεια

энергия

τιμή

цена

συμβόλαιο

договор

φόρος

налог

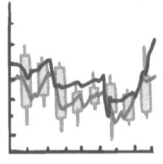

μετοχή

акция

δουλεύω

работать

υπάλληλος

служащий

εργοδότης

работодатель

εργοστάσιο

фабрика

κατάστημα

магазин

επαγγέλματα

профессии

αστυνόμος
милиционер
πυροσβέστης
пожарный
μάγειρας
повар
γιατρός
врач
πιλότος
пилот

κηπουρός

садовник

ξυλουργός

столяр

μοδίστρα

швея

δικαστής

судья

χημικός

химик

ηθοποιός

актёр

οδηγός λεωφορείου

водитель автобуса

ταξιτζής

таксист

ψαράς

рыбак

καθαρίστρια

уборщица

τεχνίτης στεγών

кровельщик

σερβιτόρος

официант

κυνηγός

охотник

ζωγράφος

художник

αρτοποιός

пекарь

ηλεκτρολόγος

электрик

οικοδόμος

строитель

μηχανολόγος

инженер

κρεοπώλης

мясник

υδραυλικός

сантехник

ταχυδρόμος

почтальон

στρατιώτης

солдат

αρχιτέκτονας

архитектор

ταμίας

кассир

ανθοπώλης

флорист

κομμωτής

парикмахер

ελεγκτής εισιτηρίων

кондуктор

μηχανικός

механик

καπετάνιος

капитан

οδοντίατρος

зубной врач

επιστήμονας

ученый

ραβίνος

раввин

ιμάμης

имам

μοναχός

монах

ιερέας

священник

εργαλεία

инструменты

πένσα
плоскогубцы
σφυρί
молоток
κατσαβίδι
отвёртка
φακός
карманный фонар
Γαλλικό κλειδί
гаечный ключ

εκσκαφέας

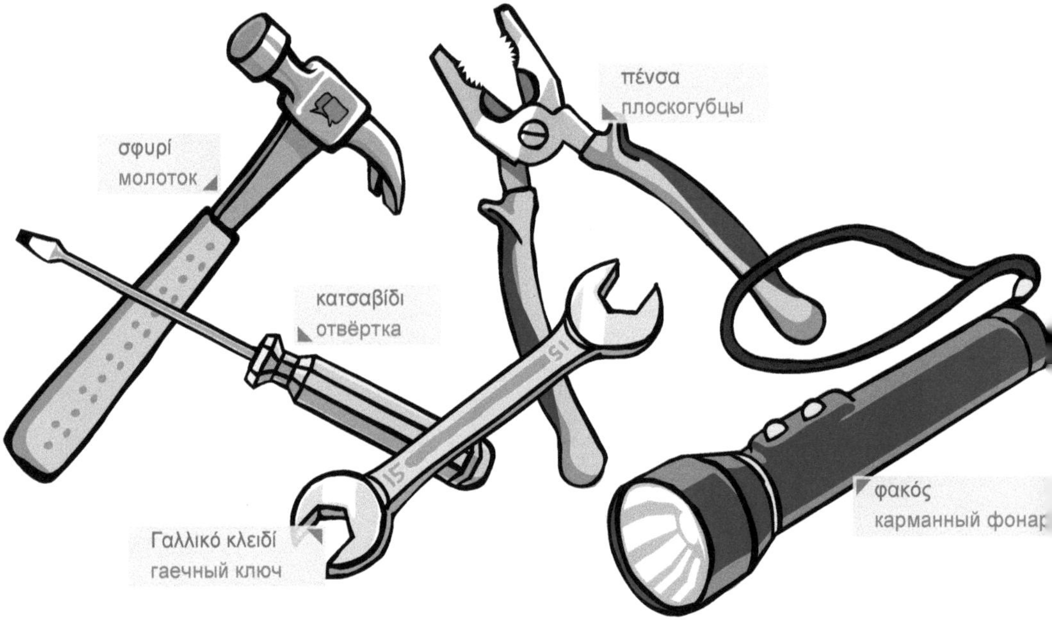

экскаватор

εργαλειοθήκη

ящик для инструментов

σκάλα

стремянка

πριόνι

пила

καρφιά

гвозди

τρυπάνι

дрель

επισκευάζω

ремонтировать

φτυάρι

лопата

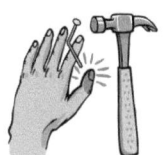

Να πάρει!

Блин!

φαράσι

совок

δοχείο χρωμάτων

ведро с краской

βίδες

винты

μουσικά όργανα

музыкальные инструменты

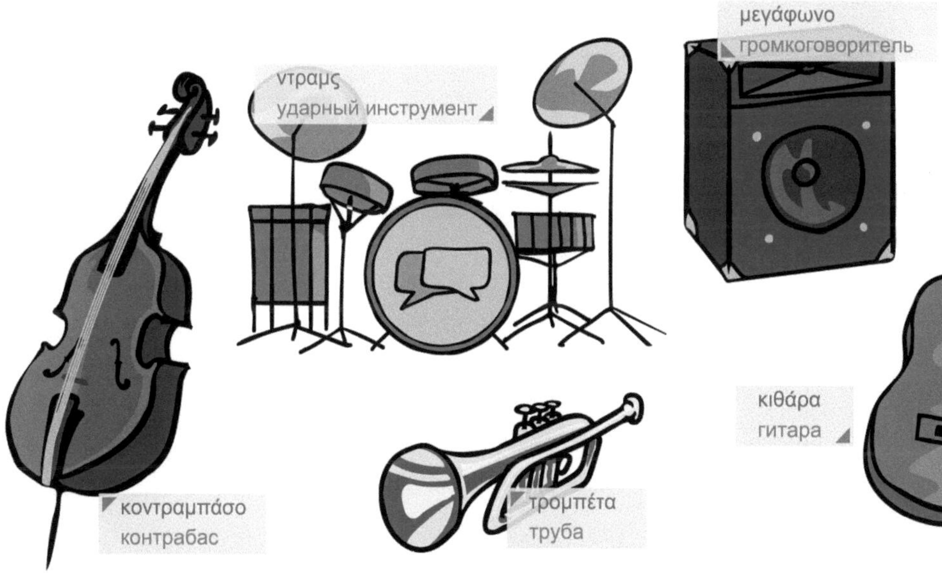

ντραμς
ударный инструмент

μεγάφωνο
громкоговоритель

κιθάρα
гитара

κοντραμπάσο
контрабас

τρομπέτα
труба

πιάνο

пианино

βιολί

скрипка

μπάσο

бас-гитара

τύμπανα

литавры

τύμπανο

барабан

πλήκτρα

синтезатор

σαξόφωνο

саксофон

φλάουτο

флейта

μικρόφωνο

микрофон

ζωολογικός κήπος
зоопарк

τίγρης
тигр

είσοδος
вход

κλουβί
клетка

ζέβρα
зебра

ζωοτροφή
корм

πάντα
панда

ζώα

животные

ελέφαντας

слон

καγκουρό

кенгуру

ρινόκερος

носорог

γορίλας

горилла

αρκούδα

медведь

καμήλα

....

верблюд

στρουθοκάμηλος

....

страус

λιοντάρι

....

лев

πίθηκος

....

обезьяна

φλαμίνγκο

....

фламинго

παπαγάλος

....

попугай

πολική αρκούδα

....

белый медведь

πιγκουίνος

....

пингвин

καρχαρίας

....

акула

παγώνι

....

павлин

φίδι

....

змея

κροκόδειλος

....

крокодил

φύλακας ζωολογικού κήπου

....

служитель зоопарка

φώκια

....

тюлень

τζάγκουαρ

....

ягуар

πόνυ

пони

λεοπάρδαλη

леопард

ιπποπόταμος

бегемот

καμηλοπάρδαλη

жираф

αετός

орёл

αγριογούρουνο

кабан

ψάρι

рыба

χελώνα

черепаха

θαλάσσιος ίππος

морж

αλεπού

лиса

γαζέλα

газель

Αμερικάνικο ποδόσφαιρο
американский футбол

ποδηλασία
езда на велосипеде

αντισφαίριση
теннис

μπάσκετ
баскетбол

κολύμβηση
плавание

πυγμαχία
бокс

χόκεϋ επί πάγου
хоккей

ποδόσφαιρο
футбол

μπάντμιντον
бадминтон

στίβος
лёгкая атлетика

χάντμπολ
гандбол

σκι
лыжный спорт

πόλο
поло

δραστηριότητες

действия

γελάω
смеяться
πηδάω
прыгать
αγκαλιάζω
обнимать
περπατάω
идти
τραγουδάω
петь
ονειρεύομαι
мечтать
προσεύχομαι
молиться
φιλάω
целовать

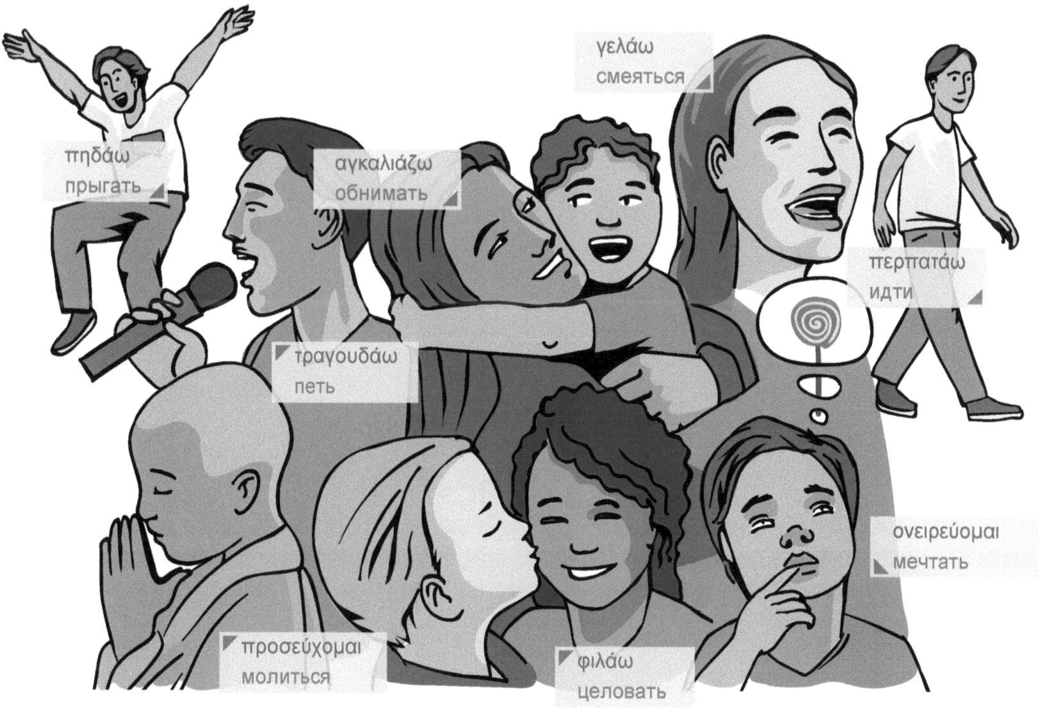

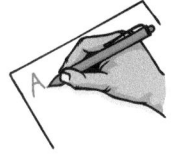

γράφω

писать

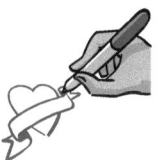

σχεδιάζω

рисовать

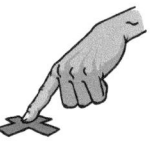

δείχνω

показывать

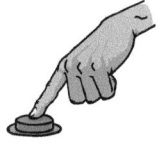

πιέζω

нажимать

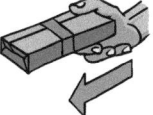

δίνω

давать

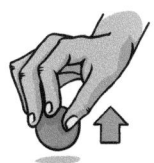

παίρνω

брать

έχω

иметь

κάνω

делать

είμαι

быть

στέκομαι

стоять

τρέχω

бежать

τραβάω

тянуть

ρίχνω

бросать

πέφτω

падать

ξαπλώνω

лежать

περιμένω

ждать

κουβαλώ

носить

κάθομαι

сидеть

φοράω

надевать

κοιμάμαι

спать

ξυπνάω

просыпаться

δραστηριότητες - действия

κοιτάω

рассматривать

κλαίω

плакать

χαϊδεύω

гладить

χτενίζω

причесывать

μιλάω

говорить

καταλαβαίνω

понимать

ρωτάω

спрашивать

ακούω

слушать

πίνω

пить

τρώω

кушать

συγυρίζω

наводить порядок

αγαπάω

любить

μαγειρεύω

готовить

οδηγώ

ехать

πετάω

летать

κάνω ιστιοπλοΐα

ходить под парусом

υπολογίζω

считать

διαβάζω

читать

μαθαίνω

учиться

δουλεύω

работать

παντρεύομαι

вступать в брак

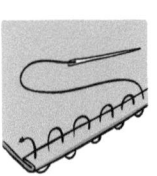

ράβω

шить

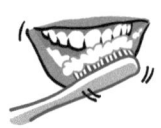

βουρτσίζω τα δόντια

чистить зубы

σκοτώνω

убивать

καπνίζω

курить

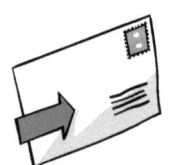

στέλνω

отправлять

γιαγιά
бабушка

παππούς
дедушка

πατέρας
папа

μητέρα
мама

μωρό
младенец

κόρη
дочь

γιος
сын

καλεσμένος

гость

θεία

тетя

θείος

дядя

αδελφός

брат

αδελφή

сестра

σώμα

тело

μέτωπο
лоб
μάτι
глаз
πρόσωπο
лицо
πιγούνι
подбородок
δάχτυλο
палец
χέρι
кисть
στήθος
грудь
βραχίονας
рука
ώμος
плечо
πόδι
нога

μωρό

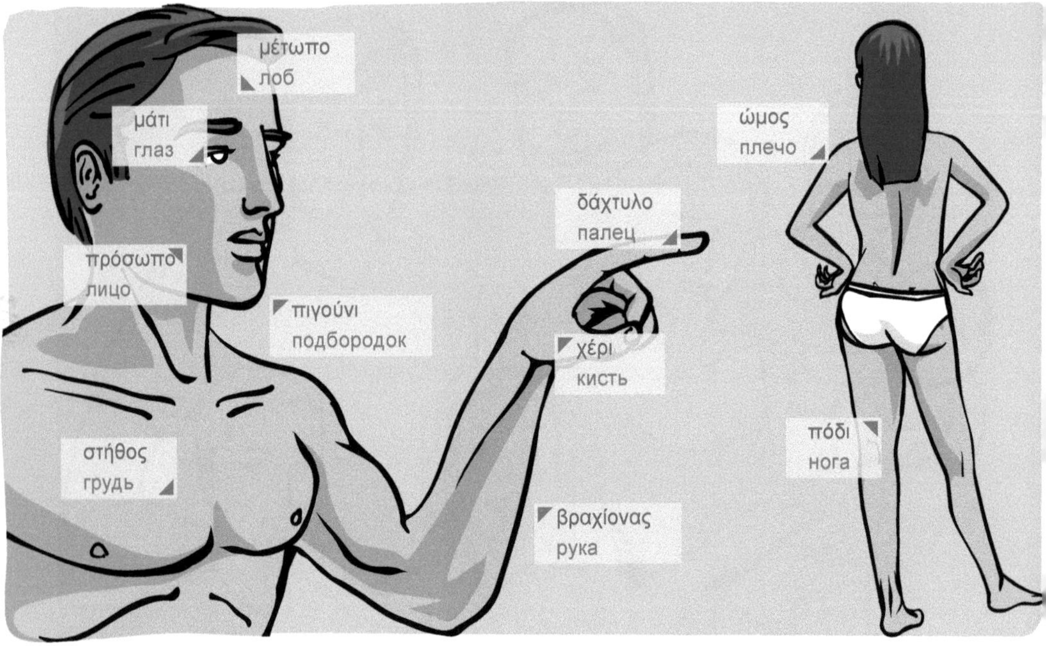

младенец

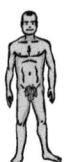

άνδρας

мужчина

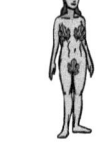

γυναίκα

женщина

κορίτσι

девочка

αγόρι

мальчик

κεφάλι

голова

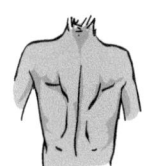

πλάτη

спина

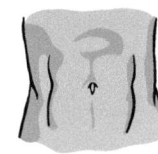

κοιλιά

живот

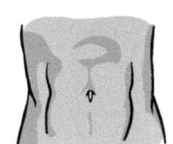

αφαλός

пупок

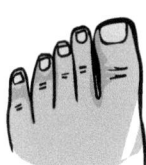

δάχτυλο ποδιού

палец ноги

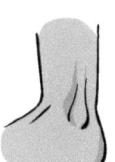

φτέρνα

пятка

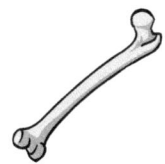

κόκκαλο

кость

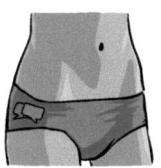

γοφός

бедро

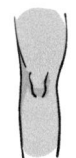

γόνατο

колено

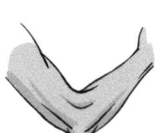

αγκώνας

локоть

μύτη

нос

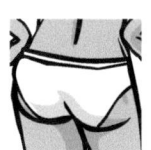

γλουτός

ягодицы

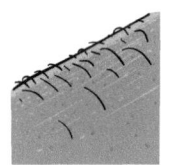

δέρμα

кожа

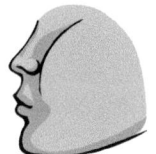

μάγουλο

щека

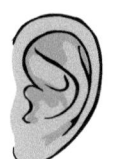

αυτί

ухо

χείλος

губа

στόμα

рот

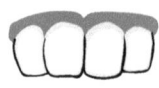

δόντι

зуб

γλώσσα

язык

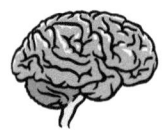

εγκέφαλος

мозг

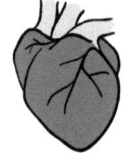

καρδιά

сердце

μυς

мышца

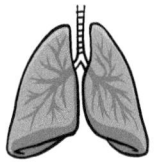

πνεύμονας

лёгкое

συκώτι

печень

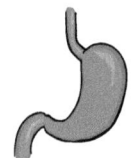

στομάχι

желудок

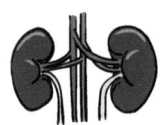

νεφρά

почки

σεξουαλική επαφή

половой акт

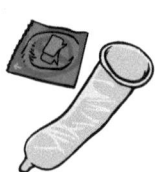

προφυλακτικό

презерватив

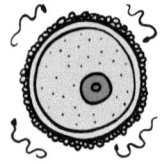

ωάριο

яйцеклетка

σπέρμα

сперма

εγκυμοσύνη

беременность

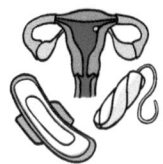

περίοδος

менструация

γυναικείος κόλπος

вагина

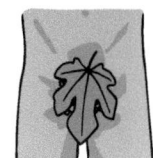

πέος

пенис

φρύδι

бровь

μαλλιά

волосы

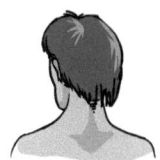

λαιμός

шея

νοσοκομείο

больница

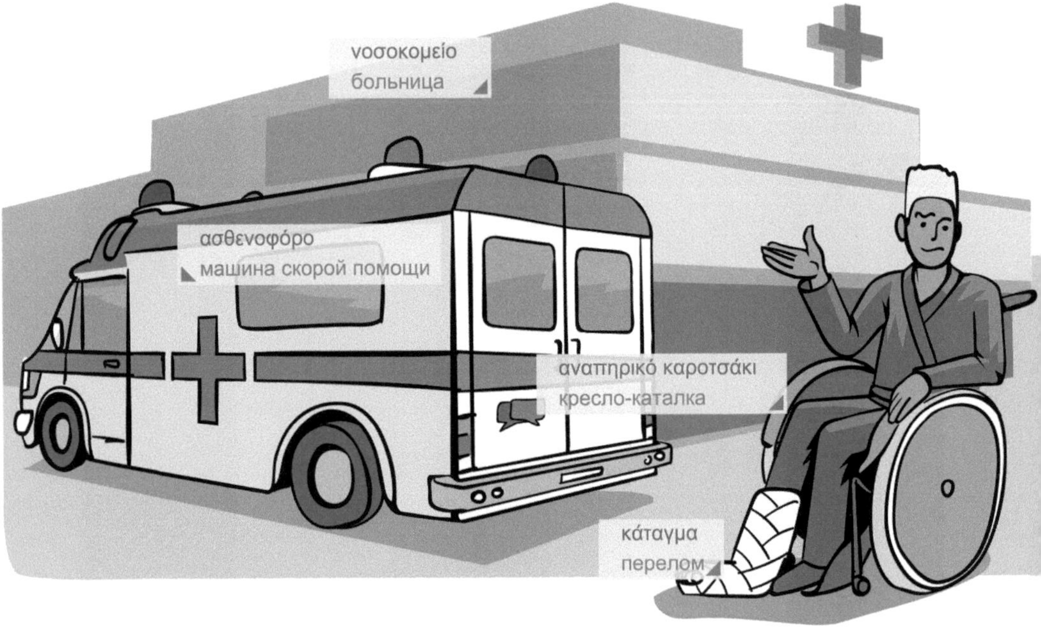

νοσοκομείο
больница
ασθενοφόρο
машина скорой помощи
αναπηρικό καροτσάκι
кресло-каталка
κάταγμα
перелом

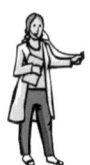

γιατρός

врач

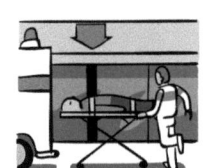

μονάδα εντατικής θεραπείας

пункт первой помощи

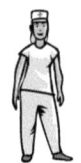

νοσοκόμα

медсестра

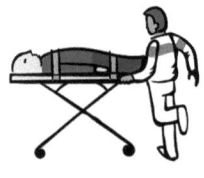

έκτακτη ανάγκη

неотложный случай

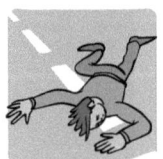

λιπόθυμος

без сознания

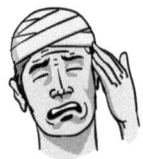

πόνος

боль

τραύμα

повреждение

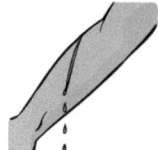

αιμορραγία

кровотечение

έμφραγμα

инфаркт

εγκεφαλικό

инсульт

αλλεργία

аллергия

βήχας

кашель

πυρετός

повышенная температура

γρίπη

грипп

διάρροια

понос

πονοκέφαλος

головная боль

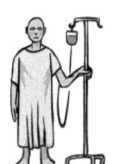

καρκίνος

рак

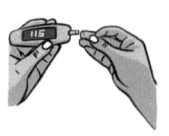

διαβήτης

диабет

χειρουργός

хирург

νυστέρι

скальпель

εγχείρηση

операция

αξονική τομογραφία

КТ

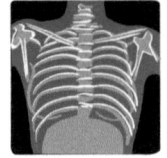

ακτινογραφία

рентген

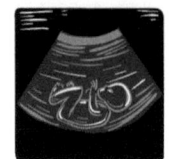

υπέρηχος

ультразвук

μάσκα

маска

ασθένεια

болезнь

αίθουσα αναμονής

приёмная

πατερίτσα

костыль

χάνσαπλαστ

пластырь

επίδεσμος

бинт

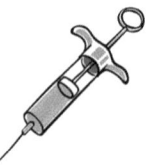

ένεση

укол

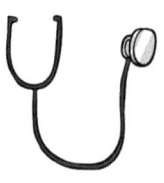

στηθοσκόπιο

стетоскоп

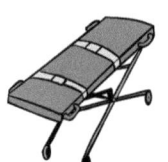

φορείο

носилки

θερμόμετρο

термометр

γέννηση

рождение

υπέρβαρο

избыточный вес

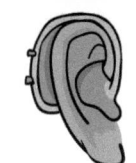

ακουστικό βαρηκοΐας

слуховой аппарат

αντισηπτικό

дезинфекционное
средство

λοίμωξη

инфекция

ιός

вирус

HIV/AIDS

ВИЧ / СПИД

φάρμακο

лекарство

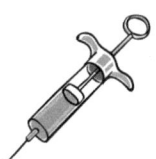

εμβολιασμός

прививка

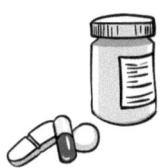

δισκία

таблетки

χάπι

противозачаточная
таблетка

κλήση έκτακτης ανάγκης

экстренный вызов

πιεσόμετρο αίματος

прибор для измерения
кровяного давления

άρρωστος / υγιής

больной / здоровый

έκτακτη ανάγκη
неотложный случай

Βοήθεια!

Помогите!

συναγερμός

сигнал тревоги

βιαιοπραγία

нападение

επίθεση

атака

κίνδυνος

опасность

έξοδος κινδύνου

запасной выход

Φωτιά!

Пожар!

πυροσβεστήρας

огнетушитель

ατύχημα

несчастный случай

κουτί πρώτων βοηθειών

аптечка

SOS

SOS

αστυνομία

милиция

Ευρώπη

Европа

Βόρεια Αμερική

Северная Америка

Νότια Αμερική

Южная Америка

Αφρική

Африка

Ασία

Азия

Αυστραλία

Австралия

Ατλαντικός Ωκεανός

Атлантический океан

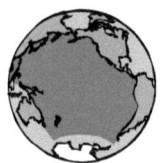

Ειρηνικός Ωκεανός

Тихий океан

Ινδικός Ωκεανός

Индийский океан

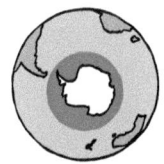

Ανταρκτικός Ωκεανός

Антарктический океан

Αρκτικός Ωκεανός

Северный Ледовитый океан

Βόρειος Πόλος

Северный полюс

Νότιος Πόλος

Южный полюс

Ανταρκτική

Антарктика

Γη

земля

γη

суша

θάλασσα

море

νησί

остров

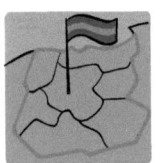

έθνος

нация

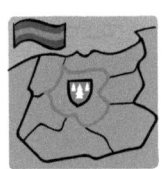

πολιτεία

государство

ρολόι
часы

καντράν ρολογιού

циферблат

ωροδείκτης

часовая стрелка

λεπτοδείκτης

минутная стрелка

δείκτης δευτερολέπτων

секундная стрелка

Τι ώρα είναι;

Который час?

ημέρα

день

χρόνος

время

τώρα

сейчас

ψηφιακό ρολόι

электронные часы

λεπτό

минута

ώρα

час

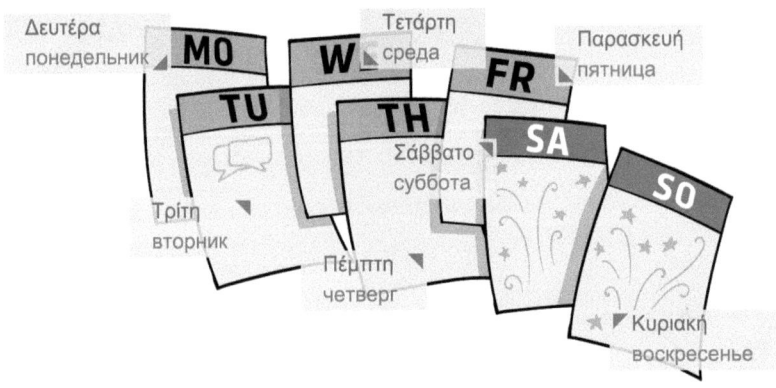

εβδομάδα

неделя

MO
TU
W
TH
FR
SA
SO
Δευτέρα
понедельник
Τρίτη
вторник
Τετάρτη
среда
Πέμπτη
четверг
Παρασκευή
пятница
Σάββατο
суббота
Κυριακή
воскресенье

χθες

вчера

σήμερα

сегодня

αύριο

завтра

πρωί

утро

μεσημέρι

полдень

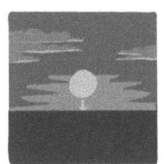

βράδυ

вечер

εργάσιμες ημέρες

рабочие дни

Σαββατοκύριακο

выходные

έτος

год

βροχή
дождь
ουράνιο τόξο
радуга
χιόνι
снег
άνεμος
ветер
άνοιξη
весна
φθινόπωρο
осень
καλοκαίρι
лето
χειμώνας
зима

4.APRIL 11°
5.APRIL 4°
6.APRIL 13°
7.APRIL 8°
8.APRIL 10°

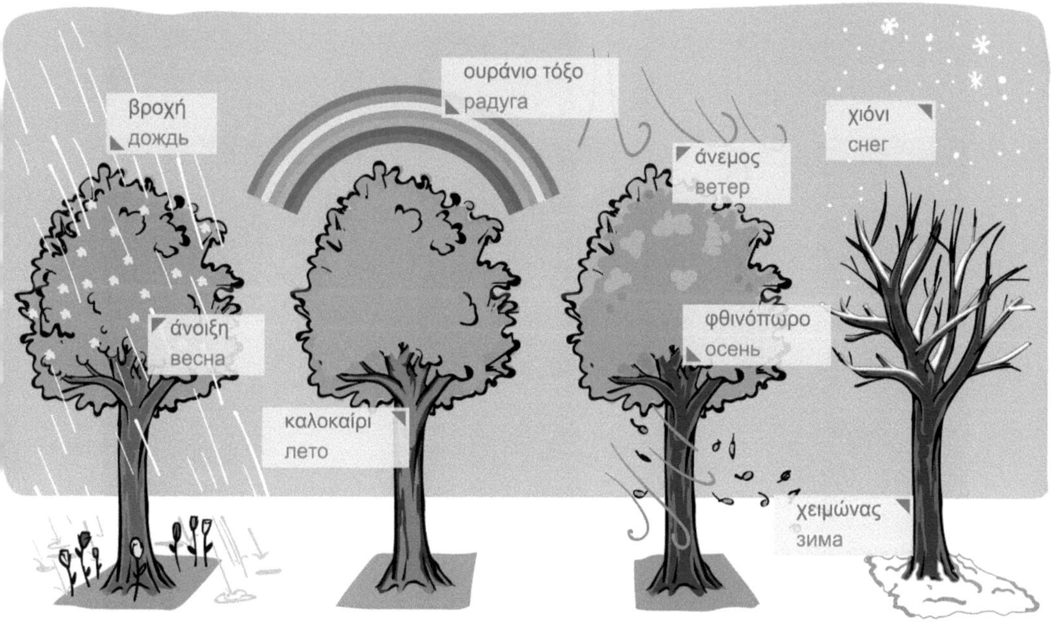

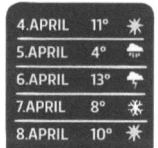

πρόγνωση καιρού

прогноз погоды

F
C
120
90
60
30
0
-30
40
30
20
10
0
-10
-20

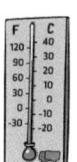

θερμόμετρο

термометр

λιακάδα

солнечный свет

σύννεφο

туча

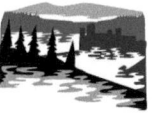

ομίχλη

туман

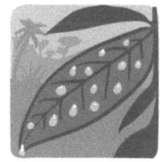

υγρασία

влажность воздуха

αστραπή

μолния

κεραυνός

гром

καταιγίδα

буря

χαλάζι

град

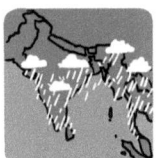

μουσώνας

муссон

πλημμύρα

наводнение

πάγος

лёд

Ιανουάριος

январь

Φεβρουάριος

февраль

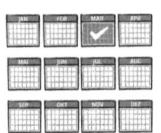

Μάρτιος

март

Απρίλιος

апрель

Μάιος

май

Ιούνιος

июнь

Ιούλιος

июль

Αύγουστος

август

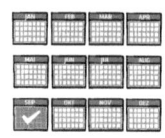

Σεπτέμβριος

сентябрь

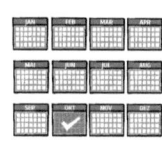

Οκτώβριος

октябрь

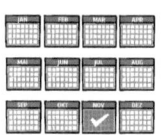

Νοέμβριος

ноябрь

Δεκέμβριος

декабрь

σχήματα

формы

κύκλος

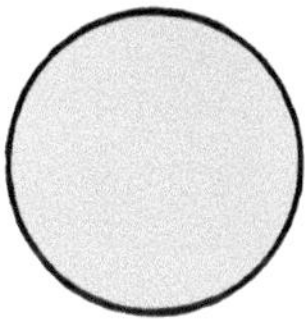

круг

τετράγωνο

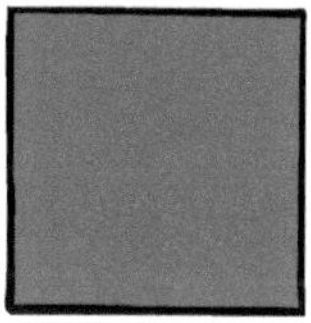

квадрат

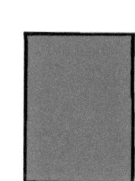

ορθογώνιο παραλληλόγραμμο

прямоугольник

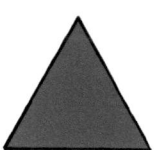

τρίγωνο

треугольник

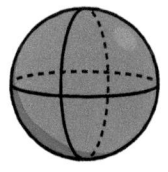

σφαίρα

шар

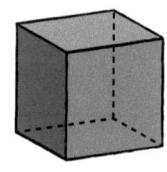

κύβος

куб

χρώματα

цвета

άσπρο

белый

κίτρινο

желтый

πορτοκαλί

оранжевый

ροζ

розовый

κόκκινο

красный

μωβ

лиловый

μπλε

синий

πράσινο

зелёный

καφέ

коричневый

γκρι

серый

μαύρο

черный

αντίθετα
противоположности

πολύ / λίγο

много / мало

θυμωμένος / ήρεμος

яростный / мирный

όμορφος / άσχημος

красивый / уродливый

αρχή / τέλος

начало / конец

μεγάλος / μικρός

большой / маленький

φωτεινός / σκοτεινός

светлый / темный

αδελφός / αδελφή

брат / сестра

καθαρός / λερωμένος

чистый / грязный

πλήρης / ατελής

полный / неполный

ημέρα / νύχτα

день / ночь

νεκρός / ζωντανός

мёртвый / живой

φαρδύς / στενός

широкий / узкий

βρώσιμος / μη βρώσιμος

съедобный / несъедобный

κακός / ευγενικός

злой / дружелюбный

ενθουσιασμένος / βαριεστημένος

взволнованный / скучающий

παχύς / λεπτός

толстый / худой

πρώτος / τελευταίος

сначала / в конце

φίλος / εχθρός

друг / враг

γεμάτος / άδειος

полный / пустой

σκληρός / μαλακός

твёрдый / мягкий

βαρύς / ελαφρύς

тяжёлый / легкий

πείνα / δίψα

голод / жажда

άρρωστος / υγιής

больной / здоровый

παράνομος / νόμιμος

незаконный / законный

έξυπνος / χαζός

умный / глупый

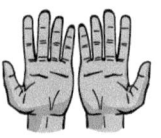

αριστερός / δεξιός

слева / справа

κοντινός / μακρινός

близко / далеко

καινούριος /
μεταχειρισμένος

новый / подержанный

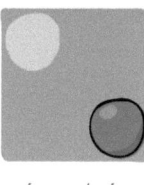

τίποτα / κάτι

ничто / нечто

γέρος | νέος

старый / молодой

αναμμένος / σβηστός

включено / выключено

ανοιχτός / κλειστός

открыто / закрыто

χαμηλόφωνος /
μεγαλόφωνος

тихо / громко

πλούσιος / φτωχός

богатый / бедный

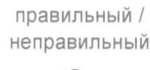

σωστός / λανθασμένος

правильный /
неправильный

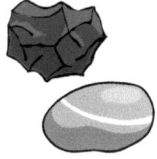

τραχύς / λείος

шероховатый / гладкий

λυπημένος / χαρούμενος

печальный / счастливый

κοντός / μακρύς

короткий / длинный

αργός / γρήγορος

медленный / быстрый

υγρός / στεγνός

мокрый / сухой

ζεστός / δροσερός

тёплый / прохладный

πόλεμος / ειρήνη

война / мир

αριθμοί

цифры

0	1	2
μηδέν	ένα	δύο
ноль	один	два
3	4	5
τρία	τέσσερα	πέντε
три	четыре	пять
6	7	8
έξι	εφτά	οκτώ
шесть	семь	восемь
9	10	11
εννιά	δέκα	έντεκα
девять	десять	одиннадцать

12	**13**	**14**
δώδεκα	δεκατρία	δεκατέσσερα
двенадцать	тринадцать	четырнадцать
15	**16**	**17**
δεκαπέντε	δεκαέξι	δεκαεφτά
пятнадцать	шестнадцать	семнадцать
18	**19**	**20**
δεκαοκτώ	δεκαεννέα	είκοσι
восемнадцать	девятнадцать	двадцать
100	**1.000**	**1.000.000**
εκατό	χίλια	εκατομμύριο
сто	тысяча	миллион

γλώσσες

языки

Αγγλικά

английский

Αμερικάνικα Αγγλικά

американский английский

Μανδαρίνικα Κινέζικα

мандаринский китайский

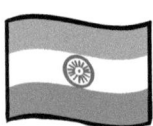

Χίντι

хинди

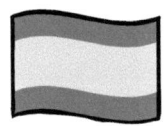

Ισπανικά

испанский

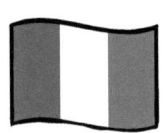

Γαλλικά

французский

Αραβικά

арабский

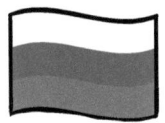

Ρώσικα

русский

Πορτογαλικά

португальский

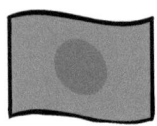

Μπενγκάλι

бенгальский

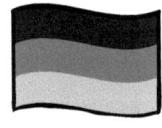

Γερμανικά

немецкий

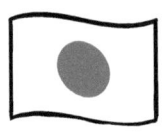

Ιαπωνικά

японский

ποιος / τι / πως

кто / что / как

εγώ

я

εσύ

ты

αυτός / αυτή / αυτό

он / она / оно

εμείς

мы

εσείς

вы

αυτοί / αυτές / αυτά

они

ποιος / ποια / ποιο;

кто?

τι;

что?

πώς;

как?

πού;

где?

πότε;

когда?

όνομα

имя

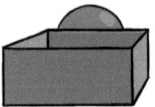

που
где

πίσω

за

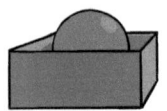

μέσα

в

μπροστά

перед

πάνω από

над

πάνω

на

κάτω

под

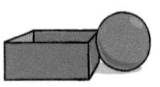

δίπλα

рядом

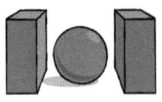

ανάμεσα

между

μέρος

место